AF349739

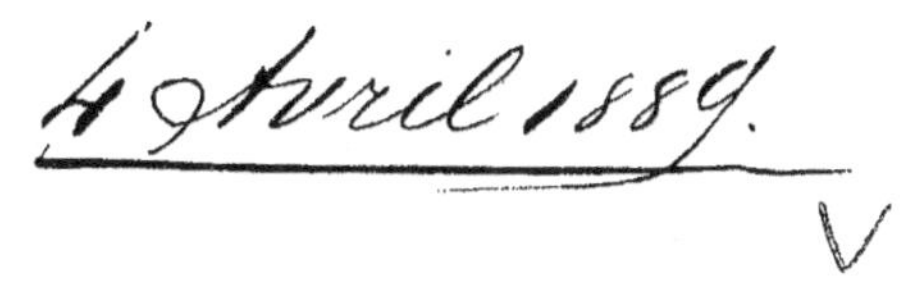

CATALOGUE

DE

MEUBLES ANCIENS

ET

MODERNES

Commodes — Encoignures — Régulateurs
Entredeux — Meubles sculptés — Meubles de Salons
Nombreux Sièges

BRONZES D'AMEUBLEMENT

Porcelaines et Faïences anciennes

Curiosités diverses

Tentures — Soieries — Tapis

DONT LA VENTE AURA LIEU

HOTEL DROUOT, SALLE N° 1

Le Jeudi 4 Avril 1889

A 2 HEURES

M⁰ PAUL CHEVALLIER	M. CHARLES MANNHEIM
COMMISSAIRE-PRISEUR	EXPERT
10, rue de la Grange-Batelière, 10	7, rue Saint-Georges, 7

EXPOSITION PUBLIQUE

Le Mercredi 3 Avril 1889, de 1 heure à 5 heures.

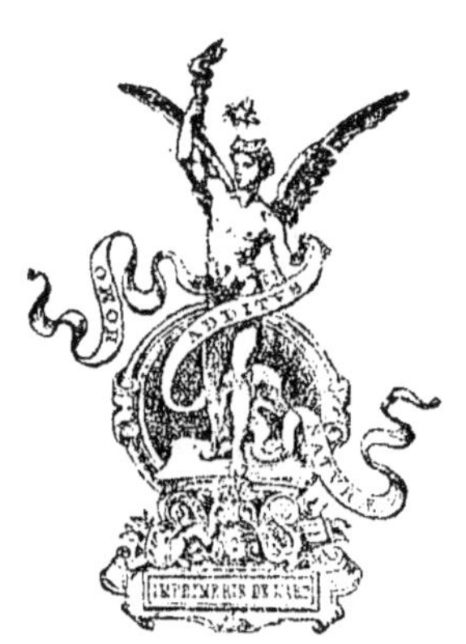

CONDITIONS DE LA VENTE

Elle sera faite au comptant.

Les acquéreurs payeront, en sus des adjudications, *cinq pour cent* applicables aux frais.

L'Exposition mettant le public à même de se rendre compte de l'état des objets, il ne sera admis aucune réclamation une fois l'adjudication prononcée.

Paris. — Imp. de l'Art, E. MÉNARD ET Cⁱᵉ, 41, rue de la Victoire.

DÉSIGNATION DES OBJETS

PORCELAINES

1 — Soupière ovale et chantournée sur quatre pieds à griffes en vieux Saxe, à bord gaufré en vannerie et à décor de fleurs.

2 — Grand plat rond en ancienne porcelaine de Saxe, à décor de fleurs gaufrées et peintes en couleur.

3 — Trois pièces : flacon formé d'un hermès en Saxe, une figurine en Nymphemburg et une autre en porcelaine genre Saxe.

4 — Cache-pot en ancienne porcelaine de Vienne, à décor de bouquets polychromes et de filets dorés.

5 — Deux socles ronds en biscuit de Saxe, à guirlandes et tore de laurier en relief, rehaussés de couleur.

6 — Deux théières, l'une sphérique en Chine,

décorée d'un réseau en dorure ; l'autre, plus petite, à pans, en Japon, à fleurs en rouge et or.

7 — Deux salières, coquilles sur dauphins, en porcelaine de Berlin décorée d'oiseaux en couleur et or.

8 — Deux coupes à piédouches en Japon, décor à fleurs en bleu, rouge et vert.

9 — Deux suspensions en porcelaine de Chine, composées chacune d'un plateau et d'un couvercle à bords dentelés munis d'attaches où sont fixées des chaînettes, et décorées de fleurs polychromes.

10 — Trois figurines en porcelaine décorée, Saxe et Custine.

11 — Trois pièces : assiette Tournay et deux compotiers carrés en porcelaine de Paris, à décor de fleurs.

12 — Petite potiche de forme allongée en vieux Chine, décorée en bleu.

13 — Deux pièces : bol côtelé en céladon vert et petit cornet en Chine décoré en émaux de couleur

14 — Cafetière cylindrique à couvercle dômé en

vieux blanc de Saxe, gaufré et décoré de branchages de vigne en relief.

FAIENCES

15 — Douze pots à crème couverts en faïence de Marseille décorée de bouquets polychromes.

16 — Deux plaques composées de carreaux en faïence hollandaise, et représentant des animaux en camaïeu bistre.

17 — Deux cornets en faïence italienne, à rinceaux en couleur sur fond bleu.

18 — Deux pièces en Rouen : petit vase cylindrique polychrome à la corne et saucière à ornements bleu et jaune.

19 — Deux pots à eau en Strasbourg.

20 — Plat oblong et contourné en Moustiers, décoré au fond d'une armoirie en couleur.

21 — Deux raviers en forme de feuille en faïence de Marseille, l'un à fleurs polychromes, l'autre émaillé blanc.

22 — Coupe à piédouche en faïence italienne à décor polychrome : Enfants tritons et chevaux marins.

23 — Écuelle couverte en faïence de Moustiers, à décor de fleurs polychromes et de fleurs en relief formant les anses et le bouton du couvercle.

24 — Deux plateaux, feuilles de chou, décorés au naturel.

25 — Fontaine en faïence décorée en bleu dans le style rouennais.

26 — Deux jardinières à bord festonné en faïence de Milan, à décor de plantes fleuries en couleur.

OBJETS DIVERS

27 — Petit bénitier en argent, à cadre filigrané, contenant une miniature : *Ecce homo*. XVIIIe siècle.

28 — Deux divinités boudhiques en bois revêtu d'une feuille d'argent.

29 — Petit dessin à la mine de plomb : Portrait d'homme, dans un cadre doré.

30 — Deux cannes en verre.

31 — Cinq pièces : deux cadres pour plats et trois maillons de chaîne en fer.

32 — Deux bras de mur à deux lumières chaque,
en cuivre flamand.

33 — Quatre réchauds ronds avec leurs cloches en
métal anglais argenté.

34 — Réchaud ovale avec sa cloche en métal anglais
argenté.

35 — Tableau : la Vierge et l'Enfant Jésus, d'après
Murillo.

36 — Sibylle, d'après Raphael.

37 — Copie ancienne de la Joconde, de Léonard de
Vinci.

BRONZES D'AMEUBLEMENT

38 — Petite pendule Louis XVI en bronze ciselé et
doré, flanquée de deux consoles, surmontée d'une
statuette de Vénus et posant sur un socle à frises
à jeux d'amours.

39 — Deux branches d'applique en bronze ciselé et
doré, de l'époque Louis XIV, à têtes d'enfants
supportant les plateaux des douilles.

40 — Encrier-bougeoir en cuivre, modèle Louis
XIV.

41 — Grande pendule posant sur socle, en marqueterie de cuivre, garnie de cariatides de chevaux
marins et surmontée d'une figurine de Minerve
en bronze. Style Louis XIV.

42 — Grand lustre en bronze doré à trente-six lumières.

43 — Suspension de salle à manger en bronze pa-
tiné, à quatre lampes et bras porte-bougies.

44 — Deux appliques porte-lampes, assorties à la
précédente.

45 — Lustre avec lampe et bras porte-lumières en
bronze doré.

MEUBLES

46 — Régulateur anglais dans sa gaine en acajou.

47 — Encoignure à deux corps en acajou.

48 — Grande toilette à dessus de marbre.

49 — Armoire en chêne à deux portes.

50 — Petite encoignure en chêne, formant armoire.

51 — Deux grandes galeries en acajou à lambrequin
de velours rouge.

52 — Deux grandes glaces, cadres dorés.

53 — Deux sièges recouverts en toile, grande échelle double en chêne, un marche-pied en chêne et un porte-parapluie.

54 — Grand meuble à trois portes, incrusté cuivre et ornements en bronze doré.

55 — Deux meubles d'entredeux à colonnettes et incrustés de cuivre.

56 — Table à jeu, bois noir avec incrustation de cuivre.

57 — Grand guéridon ovale en bois noir gravé.

58 — Meuble d'appui en palissandre, porte à médaillon.

59 — Encoignure en acajou à deux corps et étagère.

60 — Deux grands buffets de salle à manger en acajou, à coins arrondis.

61 — Grande table de salle à manger en acajou et à cinq rallonges.

62 — Table carrée en acajou.

63 — Table anglaise à desservir et à deux tablettes.

64 — Deux grands canapés, couverts en damas de soie rouge.

65 — Deux grands fauteuils confortables, damas de soie rouge.

66 — Deux fauteuils crapauds, damas de soie rouge.

67 — Six fauteuils en bois noir, à médaillon, couverts en damas de soie rouge.

68 — Huit chaises légères en bois noir et filets or, couvertes en damas de soie rouge.

69 — Six chaises en bois noir et ornements en bronze doré, garnies de velours vert.

70 — Douze chaises de salle à manger en acajou et maroquin rouge.

71 — Grande banquette formant coffre à bois.

72 — Table-pupitre de l'Empire, à pieds contournés, en acajou garni de cuivres.

73 — Canapé, quatre fauteuils, deux chaises Louis XV, peints en blanc et rehaussés d'or, couverts en ancien damas rouge.

74 — Secrétaire Louis XVI en bois rose, avec filets en marqueterie.

75 — Deux tabourets en chêne ciré, garni en reps.

76 — Canapé et quatre chaises confortables, capitonnés en satin crème, broché à fleurs.

77 — Garniture de fenêtre, rideaux et lambrequin de même étoffe, avec galerie dorée, embrasses.

78 — Armoire du XVIIe siècle, en chêne, à deux

corps. Les quatre vantaux et les deux tiroirs
sont ornés de moulures ; les montants et la frise
de branchages sculptés.

79 — Table à ouvrage Louis XVI, à trois tiroirs,
en acajou, à baguettes de cuivre.

80 — Meuble de salon en bois sculpté et doré, de style
Louis XVI, couvert en tapisserie d'Aubusson,
à décor de fleurs et de rinceaux sur fond blanc.

Il se compose d'un grand canapé, deux petits
canapés, dix fauteuils, un pouf rond.

81 — Meuble vaisselier à deux corps, en noyer ; le
bas à deux vantaux encadrés de colonnes enga-
gées et à deux tiroirs ; le haut en retrait, à
portes et à étagères bordées de galeries à ba-
lustres.

82 — Commode Louis XVI, en acajou, à colonnes
d'angles cannelées et à dessus de marbre.

83 — Fauteuil Louis XV, peint en noir et couvert
en perse.

84 — Deux fauteuils Louis XVI, l'un à dossier
carré, l'autre à dossier rond, peints en blanc et
couverts en molesquine.

TENTURES — ÉTOFFES — TAPIS

85 — Trois garnitures de croisées, en tissu à fleurs sur fond jaune, avec galeries en noyer à lambrequins de même étoffe, embrasses, patères.

86 — Trois paires de grands rideaux de damas de soie rouge, avec lambrequins et embrasses.

87 — Grand tapis en moquette, à fond gris et fleurs.

88 — Tapis de foyer semblable au précédent.

89 — Tapis en moquette fond gris à fleurs.

90 — Deux grands rideaux rouges, avec bande de velours, galerie et lambrequin.

91 — Écran palissandre et tapisserie.

92 — Tapis carré genre Smyrne.

93 — Lot de housses pour canapés, fauteuils et chaises.

94 — Lot de vingt et un morceaux de cuir de Cordoue.

95 — Lot de toiles imprimées de Jouy.

96 — Bandeau de velours rouge, bordé d'une frange métallique.

97 — Deux corsages de robe en soie brochée couleur du xviiie siècle.

98 — Deux écharpes orientales ornées de broderies et de paillons.

99 — Trois petits tapis carrés en soie brochée.

100 — Grand tapis soie brochée Louis XIV, fond vieil or.

101 — Deux coupes soie brochée, fond blanc et fond vert.

102 — Deux tapis, l'un en satin rouge brodé de fleurs jaunes, l'autre en soie bleue brochée de fleurs en couleur.

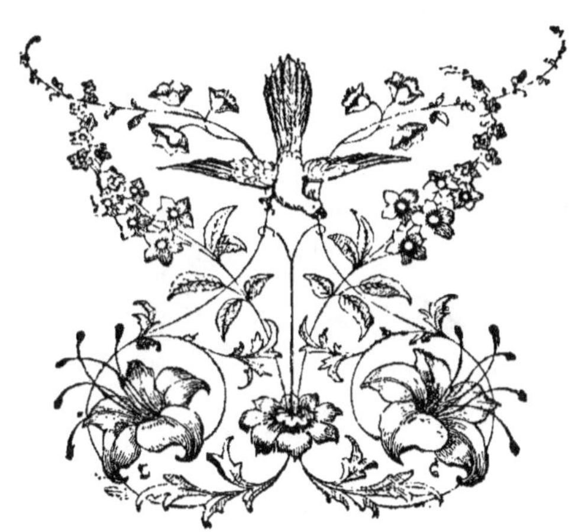